Schuldenfrei

Schulden abbauen und ein sorgenfreies
Leben führen mit mehr Geld

Der ultimative 10 Punkte-Plan
für ein schuldenfreies Leben

1. Auflage 2018

Copyright © Daniel Kampus

Inhaltsverzeichnis

Punkt 1: Keine Angst vor Schulden
Punkt 2: Fünf Gewohnheiten für ein schuldenfreies Leben
Punkt 3: Wie Sie Ordnung in das Schuldenchaos bringen
Punkt 4: SCHUFA (wie sieht es mit der Bonität aus)
Punkt 5: Die Schuldnerberatung
Punkt 6: Das Pfändungsschutzkonto
Punkt 7: Das Verbraucherinsolvenzverfahren
Punkt 8: Gerichtsvollzieher und Pfändungen
Punkt 9: Umgang mit Inkasso-Unternehmen
Punkt 10: Schuldenregulierung ohne Privatinsolvenz
Geheimtipp: Schuldabbau rasant steigern

Punkt 1
Keine Angst vor Schulden

Schulden machen das Leben beschwerlicher, aber noch schlimmer sind die schlaflosen Nächte. Ängste werden zu ständigen Begleitern. Schulden sind irgendwie immer noch ein Tabuthema – vielleicht weil niemand sie haben möchte. Doch hat man sie, egal wie hoch die offenen Posten sind, beginnt eine Spirale, die sich viele Schuldner nicht trauen, zu durchbrechen. Briefe von Gläubigern bleiben ungelesen und in irgendeiner Schublade gesteckt. Doch das ist nicht gut. Schlussendlich geht wichtige Lebensqualität verloren und das darf einfach nicht sein.

Sich dem Schuldenchaos stellen

Haben Sie den Wunsch, aus der Schuldenfalle endlich herauszukommen und möchten Sie den Kreislauf aus Angst und Scham durchbrechen? Dann durchbrechen Sie es. Auch dann, wenn die Bank das Dispo gekündigt hat, wenn der

Gerichtsvollzieher schon wieder an der Tür klopft, auch dann, wenn einfach nichts mehr geht. Und vor allem: reden Sie über Ihre Schulden und schieben Sie aufkommende Scham und Angst nicht einfach zur Seite. Es heißt zwar immer „über Geld redet man nicht", aber das ist völliger Quatsch. Die Ganze Welt dreht sich ums Geld. Man geht arbeiten für Geld, man kauft Nahrung für Geld und man definiert seinen Lebensstandard mit Geld. Es ist also nicht Schlimmes dabei, wenn man über das „Alltägliche" spricht.

Sie möchten sich aber nicht Freunden oder Familie öffnen? Manchmal ist es einfacher, sich Außenstehenden anzuvertrauen. In diesem Fall ist ein Beratungsgespräch bei einer Schuldnerberatung genau die richtige Adresse. Dort sind Sie kein Mensch zweiter Klasse, nur weil Sie Schulden haben. Denn nur weil es finanziell nicht ganz rund läuft, ist man noch lange nicht minderwertig. Oft fühlt man sich nach einem Beratungsgespräch erleichtert und bekommt einen kleinen Selbstbewusstseinsschub.

Nutzen Sie das beflügelnde Gefühl der Motivation und ebnen Sie den Weg in ein schuldenfreies Leben.

Sie allein entscheiden, ob Sie diesen Weg allein bewältigen möchten oder ob Sie sich Unterstützung bei Freunden und Familie holen. Wichtig ist nur, dass Sie JETZT am Ball bleiben.

Umdenken führt zu einem schuldenfreien Leben

Etwas zu ändern, beginnt im Kopf. Am Anfang werden Sie ein wenig umdenken müssen und die ein oder andere Gewohnheit werden Sie ablegen. Und denken Sie immer daran, dass Probleme nicht nur große Übel mitbringen. Das ist bei Schulden nicht anders. Sie sind unangenehm. Aber wenn Sie nicht nach Lösungen suchen, werden Sie immer mehr in den Strudel Ihrer Probleme hineingezogen. Irgendwann sind Sie so tief in diesem Strudel, dass die Handlungsunfähigkeit immer mehr die Oberhand gewinnt. Sehen Sie Ihre Schulden als Chance und nicht als Übel. Vieles wird Ihnen so leichter fallen.

Im ersten Schritt kann es befreiend sein, auch negative Emotionen zuzulassen. Ja, Selbstmitleid ist erlaubt und ja, Angst ist völlig normal. Doch haften Sie nicht zu lange an diesem Punkt. Setzen Sie sich Ziele und beginnen Sie sich vorzustellen, wie ist es, ein schuldenfreies Leben zu haben. Man bekommt seine Traumwohnung, muss keine Angst mehr haben oder man kann sich endlich einen Urlaub ansparen. Aber neue Schulden müssen tabu sein. Ansonsten ist der alte Kreislauf wieder ganz schnell da.

Punkt 2
Fünf Gewohnheiten für ein schuldenfreies Leben

Schwarz auf weiß: Einnahmen und Ausgaben erfassen

Das klingt auf den ersten Blick zunächst banal. Doch wenn Sie sich erst einmal einen tatsächlichen Überblick Ihrer Einnahmen und Ausgaben gemacht haben, haben Sie den Grundpfeiler für ein schuldenfreies Leben aufgestellt. Dabei ist es wichtig, sich zunächst alle Einnahmen und Ausgaben aufzuschreiben. Das betrifft den täglichen Kaffee to go, genauso wie den wöchentlichen Lebensmitteleinkauf. Sie werden schon nach einem Monat überrascht sein, wie viel Geld Sie wofür ausgegeben haben. Und Sie stellen fest: Viele Ausgaben waren einfach unnötig.

Da wäre der tägliche Kaffee rund für zwei Euro, der schnell vor der Arbeit in der Bäckerei gekauft wird und das fünfmal in der Woche. Das macht in der

Woche zehn Euro und im Monat stolze 40 Euro. Aber warum nicht einfach eine Tasse Kaffee von zuhause mitnehmen?

Diese Rechnung zeigt, dass sich mit winzig kleinen Veränderungen im Alltag sehr schnell, sehr viel Geld einsparen lässt. Das Ersparte können Sie nun für den Weg eines schuldenfreien Lebens nutzen. Es dauert nicht lange und diese neuen Gewohnheiten werden zur Routine – ohne große Einschränkungen der Lebensqualität. Dafür jedoch muss man zuerst den Überblick seiner Einnahmen und Ausgaben bekommen. Wie es aufgeschrieben wird, spielt dabei keine Rolle. Es gibt online viele Vorlagen, aber auch eine Excel-Tabelle oder ein handgeschriebenes Haushaltsbuch sind gute Möglichkeiten, um Einnahmen und Ausgaben schwarz auf weiß zu haben.

Tipps zur Führung eines Haushaltsbuchs

- Schreiben Sie alle Einnahmen auf. Dazu zählen nicht nur das Gehalt, sondern auch das Kinder- und Elterngeld, Sozialleistungen sowie Einkünfte aus Vermietungen und

Verpachtung gehören auf die Liste der Einnahmen.

- Um zu wissen, wie hoch Ihr monatliches Budget ist, müssen Sie Ihre fixen Kosten, wie Miete und sämtliche fixe Nebenkosten, von den Einnahmen abziehen. Heraus kommt der Betrag, der Ihnen im Monat zur Verfügung steht.

- Am Anfang ist es nicht ganz leicht, die variablen Kosten aufzuschreiben, weil man noch nicht weiß, wie viel man für Lebensmittel oder Kleidung eigentlich ausgibt. Deshalb schreiben Sie in den ersten Monaten ganz unverblümt alle Ihre Ausgaben auf. So bekommen Sie rasch einen Überblick und können die variablen Kosten berechnen.

Beim Lebensmitteleinkauf umdenken

Wir kennen es wohl alle: Eigentlich fehlt nur Milch und wir gehen sie noch schnell im Supermarkt besorgen. Doch anstatt nur die Milch einzukaufen, liegen viele andere Produkte im Einkaufswagen und wir ärgern uns im Nachhinein über die unnötigen Ausgaben.

Kennen Sie es auch? Das Gute ist, man kann dem Ganzen mit einfachen Methoden entkommen. Haben Sie schon einmal von einem wöchentlichen Essensplan gehört? Sie überlegen sich, was Sie über die Woche gern essen möchten und schreiben es auf einen Zettel oder legen sich ein Dokument am Computer zu. So wissen Sie, dass es beispielsweise montags Sandwiches und am Sonntag Gulasch mit Klößen gibt. Notieren Sie aber nicht nur die warmen Mahlzeiten, sondern ebenso das Frühstück und Abendessen. Bedenken Sie beim Notieren an Ihr Budget für den Lebensmitteleinkauf. Es sollte nicht überschritten werden, damit das Sparen weiterhin effizient bleibt.

Nun geht es zum Einkaufen. Aber seien Sie flexibel und versteifen Sie sich nicht auf Ihren Einkaufszettel. Nutzen Sie die Sonderangebote des Supermarktes. Damit können Sie noch ein paar Euro mehr einsparen. Ziel am Ende des Einkaufs sollte sein, dass keine unnötigen Produkte, die eigentlich nicht vorgesehen waren, im Einkaufswagen gelandet sind.

Besser mit Bargeld zahlen

Lassen Sie Ihre Bankkarte lieber im Geldbeutel und zahlen anstatt dessen mit Bargeld. Sie werden schnell merken, dass Sie so mehr Bewusstsein für Ihre Finanzen bekommen. Diese Methode lässt sich rasch in den Alltag integrieren. Dafür ermitteln Sie Ihr verfügbares Wochenbudget, heben das Geld ab und verstauen Ihre Bankkarte außerhalb Ihres Geldbeutels. Das hilft gegen die Versuchung.

Versicherungen und andere Verträge überprüfen

Na gut, dieser Punkt ist schon ein wenig arbeitsintensiver als die anderen Tipps. Dafür können Sie im optimalen Fall einige hundert Euro auf einmal einsparen. Besonders im Bereich Mobilfunk und Energie lohnt es sich für Sie, nach neuen Anbietern zu suchen. Dank Vergleichsseiten im Internet gestaltet sich die Suche mühelos. Es ist nämlich erstaunlich, wie unterschiedlich die Preise trotz gleicher Leistung sein können.

Bei Versicherungen können Sie genauso handeln und dabei gleichzeitig einen Blick auf Ihre vorhandenen Verträge werfen. Manche Versicherung braucht man nicht unbedingt und sind gerade in Sparzeiten unnötig.

Auf diese Versicherungen können Sie problemlos verzichten

- Krankentagegeld (Zusatzversicherung
- Pflegezusatzversicherung
- Sterbegeldversicherung
- Insassenunfallversicherung
- Reisegepäckversicherung

(Quelle: Stiftung Warentest)

Eine hohe Nebenkostenabrechnung muss nicht sein

Wenn Sie das Licht beim Verlassen des Raumes ausschalten und bei niedrigen Temperaturen Ihre Kleidung waschen, dann haben Sie nachhaltig etwas sehr Gutes für Ihre Finanzen getan. Denn wer kennt nicht die jährliche Nebenkostenrechnung, die immer wieder aufs Neue für unbegreifliches Kopfschütteln sorgt. Damit Ihre nächste Nebenkostenabrechnung nicht Ihren finanziellen Rahmen sprengt, beginnen Sie noch heute Ihre Energie- und Heizkosten zu senken. Aber keine Sorge, Sie müssen dafür nicht frierend im Dunkeln sitzen. Benutzen Sie Energiesparlampen bzw. LED-Lampen, schalten Sie alle nicht genutzten Geräte aus und kippen Sie nicht das Fenster zum Lüften im Winter, sondern öffnen Sie es für ein paar Minuten komplett (Stoßlüften). Schon haben Sie Energie- und Heizkosten senken können.

Punkt 3
Wie Sie Ordnung in das Schuldenchaos bringen

Das Sortieren Ihrer Unterlagen ist aus mehreren Gründen einfach notwendig. Allein deshalb, damit Sie wissen wie hoch Ihre Schulden sind und bei welchen Gläubigern es offene Posten gibt. Sammeln Sie zunächst alle Unterlagen zusammen und geben Sie ihnen einen Platz.

Anschließend wählen Sie ein Ablagesystem aus, das Ihnen angenehm ist und fangen mit dem Sortieren an. Lassen Sie sich während des Ordnens nicht von aufkommenden Gefühlen beeinflussen. Mit dem Sortieren Ihrer Unterlagen sind Sie auf dem richtigen Weg in ein Leben ohne Schulden.

Schuldenunterlagen in nur 4 Schritten ordnen

Schritt 1: Sammeln und Vorsortieren

Der erste Schritt ist das Sammeln aller Unterlagen. Suchen Sie sich zum Ordnen am besten einen Ort aus, wo Sie genügend Platz haben. So können Sie sich später mit Ihren Unterlagen ausbreiten. Gerade bei vielen, losen Dokumenten hat sich das Vorsortieren in Schachteln sehr gut bewährt. Drei bis vier Schachteln reichen meistens aus, um eine grobe Ordnung zu schaffen.

Sie können die Schachteln wie folgt einteilen:

- Wohnen
- Schulden
- wichtige Dokumente
- Papierkorb

Schritt 2: Forderungen einzeln stapeln

Nun haben Sie einen ersten Überblick und können

mit dem zweiten Schritt beginnen. Jetzt bekommt jede Forderung einen eigenen Stapel. Ordnen Sie besser nicht nach Gläubigern. Denn es kann sein, dass mehrere Forderungen von einem Gläubiger sind - das ist bei Inkasso-Unternehmen des Öfteren der Fall. Wenn Sie nun jeder Forderung einen eigenen Stapel gegeben haben, sortieren Sie diese anschließend nach Datum. Dabei sollte das aktuellste Datum ganz oben liegen.

Schritt 3: Unterlagen einordnen

Im dritten Schritt ist das Einordnen in einem Ablagesystem (z. B. Ordner) an der Reihe. Verwenden Sie Trennfolien oder Ähnliches, um die einzelnen Forderungen schnell wiederzufinden. Beim Beschriften der einzelnen Posten können Sie dies entweder direkt auf die Trennfolien tun oder Sie nummerieren die Forderungen und fügen Sie in die Gläubigerliste ein.

Schritt 4: Gläubigerliste erstellen

Das ist nämlich der vierte Schritt. Erstellen Sie eine Gläubigerliste. So haben Sie eine übersichtliche Aufstellung aller Schulden, können schnell auf Aktenzeichen zurückgreifen und wissen, wo zeitnah gehandelt werden muss. Es ist aber nicht entscheidend, ob die Liste handschriftlich oder in einer Excel-Tabelle festgehalten wird.

Was in die Gläubigerliste eingetragen wird

- Laufende Nummer für die Ordnerablage
- Gläubiger
- Vertreter der Gläubiger (z. B. Inkasso)
- Aktenzeichen
- Datum des letztens Schreibens
- Betrag

Eine optimale Ordnerstruktur für Ihre privaten Unterlagen

Nun können auch die restlichen Unterlagen ihren

Platz in einem Ordner finden. Wie schon bei Ihren Schuldenunterlagen, beginnen Sie mit dem Aussortieren Ihrer Schriftstücke, in dem Sie wieder einzelne Papierstapel machen. Überlegen Sie sich schon vorab, in welche Kategorien Sie die Unterlagen einteilen möchten. Aber bleiben Sie minimalistisch, weil eine schlanke Ordnerstruktur übersichtlicher ist.

Eine bewährte Ordnerstruktur als Beispiel

- **Wichtige Dokumente:** Geburtsurkunden, Testament, Urkunden, Patientenverfügungen
- **Beruf und Rente:** Bescheinigungen über Weiterbildungen, Zeugnisse, Rentenbescheide
- **Versicherung:** alle laufenden Versicherungen
- **Wohnen:** Miete, Nebenkostenabrechnungen
- **Bank:** Kredite, Geldanlagen, Schriftstücke vom Kreditinstitut
- **Gesundheit:** Impfpass, Krankenhausunterlagen
- **Kinder:** alle Unterlagen, die Ihre Kinder betreffen

Wenn Sie Hobbys haben oder in einem Verein sind, können Sie auch dafür einen separaten Ordner anlegen. Das Gleiche gilt für Gebrauchsanweisungen.

Übersichtliche Ordnerstruktur erstellen

Beschriften Sie Ihre Ordner mit konkreten Angaben, sodass Sie schon beim ersten Blick wissen, auf welchem Ordner Sie zugreifen müssen, wenn Sie nach bestimmten Schriftstücken suchen. Verwenden Sie für die Einteilung Trennfolien, wie bei Ihren Schuldenunterlagen. Es ist besonders übersichtlich, wenn Sie die einzelnen Trennelemente nur nummerieren und auf der ersten Seite des Ordners eine Übersichtenliste haben. So wissen Sie, dass Sie beispielsweise unter Nummer eins Ihre wichtigen Dokumente und unter Nummer fünf alle Versicherungsunterlagen finden. In dieser Liste haben Sie dann gleichzeitig die Möglichkeit, die Unterkategorien ebenfalls aufzulisten.

Kann das in den Papierkorb? - ein analoger Sicherheitsspeicher hilft

Aber manchmal weiß man nicht, ob ein Schriftstück, das eigentlich in den Papierkorb soll, leicht wiederzubeschaffen ist. Zum Glück ist das bei 90 Prozent aller Dokumente möglich. Genügt Ihnen das allerdings nicht, legen Sie einfach einen analogen Sicherheitsspeicher an. Bewahren Sie genau diese Unterlagen für ein Jahr in einem Karton auf und machen Sie sich gleichzeitig eine Liste über die Dokumente, die Sie im Sicherheitsspeicher aufheben. Sollten Sie nach einem halben Jahr noch keins der Unterlagen aus dem Karton gebrauchen, beginnen Sie mit dem Aussortieren von erledigten oder veralteten Unterlagen. Und wenn Sie nach einem Jahr immer noch kein einziges Dokument aus Ihrem Sicherheitsspeicher benötigen, können sie alle in den Papierkorb wandern.

Dokumente, die Sie ein Leben lang aufbewahren

- Rentenbescheide
- Arbeitszeugnisse
- Schulzeugnisse

- Geburtsurkunden
- Sterbeurkunde
- Taufschein
- Nachweise über Arbeitslosengeld
- Sozialversicherung
- ärztliche Untersuchungsunterlagen

Was Sie mindestens drei Jahre aufheben

- Kontoauszüge
- Rechnungen von Anwälten und Handwerkern
- Mietverträge
- Nebenkostenabrechnungen
- Telefonrechnungen

Bei Garantien gilt die Aufbewahrungsfrist so lange, wie diese gültig ist. Auch Versicherungen und Abos werden so lange aufbewahrt, bis sie ihre Gültigkeit verlieren. Zwar kein Leben lang, dafür bis zu 30 Jahre sollten Prozessakten, Mahnbescheide und Darlehensverträge aufgehoben werden.

Wo Sie fehlende Unterlagen erneut beantragen können

- Geburts- und Heiratsurkunden können Sie beim Standesamt Ihrer Kommune beantragen. Meistens ist eine schriftliche Beantragung nötig. Die fehlenden Dokumente werden in der Regel gegen eine geringe Gebühr ausgehändigt.

- Zweit- und Ersatzsteuerkarten bekommen Sie beim Einwohnermeldeamt. Allerdings wurde die Lohnsteuerkarte aus Papier schon 2013 abgeschafft. Heute ist alles digital abgespeichert.

- Schulzeugnisse erhalten Sie in der Schule, wo Sie Ihren Abschluss gemacht haben. Sollte die Schule nicht mehr existieren, müssen Sie bei Ihrer Stadt- oder Kreisverwaltung nachfragen. Die Aufbewahrungsfristen von Abschlusszeugnissen für Schulen liegt beispielsweise in Bayern bei 50 Jahren.

Ordner, Hängeregister und Kartons - Ablagesysteme für Ihre Unterlagen

Jedes Ablagesystem für Schriftstücke hat ihre Vor- und Nachteile. Wobei die Aufbewahrung in Kartons die schlechteste Möglichkeit ist, weil sie wenig Ordnung bringt. Aber es bringt zumindest eine grobe Sortierung. Ordner hingegen sind eigentlich die perfekten Ablagesysteme für Dokumente. Wie ein Buch lässt sich der Ordner blättern. Durch die Trennung und Auflistung der einzelnen Kategorien ist schnell das Gesuchte gefunden. Doch Ordner können mehrere Kilogramm wiegen und werden damit auch nicht immer einfach zu transportieren sein.

Hängeregister-Systeme gibt es unglaublich viele. Da entscheiden Sie am besten selbst, welches System für Sie passt. Der Vorteil der Ablage ist, dass das etwas umständliche Lochen und Einheften entfällt. Außerdem sind viele Systeme erweiterbar. Ein klarer Vorteil gegenüber Ordner, die irgendwann voll sind. Doch die Verführung ist groß, Unterlagen einfach in die Hängeregister hinein zu stopfen.

Eine 4-Punkte-Ablage für Ihren Schreibtisch

Nachdem Sie nun alle Unterlagen sortiert haben, können Sie erst einmal stolz auf sich sein. Ein gutes Stück Arbeit liegt hinter Ihnen. Dafür haben Sie jetzt eine Übersicht Ihrer Schulden. Aber das Beste daran: Das gute Gefühl, endlich das Schuldenchaos in Angriff genommen zu haben.

Jetzt ist es wichtig, dass Sie weiterhin Ordnung in Ihren Unterlagen behalten. Dabei hilft Ihnen eine einfache 4-Punkte Ablage, die Sie beispielsweise in der Küche oder auf dem Schreibtisch platzieren. Sie benötigen dafür vier verschiedene Ablagen, die Sie neben- oder aufeinander ordnen. Farblich unterschiedliche Möglichkeiten sorgen für noch mehr Ordnung.

Die 4-Punkte-Ablage

- Dringend: Alle Schriftstücke mit Fristen und hoher Dringlichkeit

- Unerledigt: Alle unerledigten Unterlagen ohne hohe Dringlichkeit
- Wiedervorlage: Alle Dokumente, die immer wieder benötigt werden
- Ablage: Alle Schriftstücke ohne Handlungsbedarf

Punkt 4
Die SCHUFA
(Wie sieht es mit der Bonität aus)

Was ist die SCHUFA?

Die Schutzgemeinschaft für Kreditversicherung, kurz SCHUFA, ist einer der bekanntesten Auskunfteien in Deutschland und arbeitet mit etwa 4.500 Unternehmen in Deutschland zusammen. Die gesammelten Informationen der Verbraucher bekommt das Unternehmen von seinen Vertragspartnern, aber auch von öffentlichen Stellen, wie dem Schuldnerverzeichnis. Die SCHUFA interessiert sich vor allem für Daten, die die Bonität beeinflussen. Das können laufende Kredite, nicht eingehaltene Zahlungsverpflichtungen, Pfändungen und Mobilfunkverträge sein. Aber das Unternehmen weiß weder den Beruf des Verbrauchers, noch seinen Kontostand.

Die gesammelten Informationen fließen in die Berechnung des Score-Wertes, der Ihre

Kreditwürdigkeit wiederspiegelt. Wenn Sie also einen Kredit bei Ihrer Bank beantragen, prüft das Institut zuerst einmal Ihre Bonität. Fällt Ihre Kreditwürdigkeit überwiegend positiv aus, haben Sie gute Chancen auf einen Kredit. Doch je mehr negative Einträge es bei der SCHUFA über Sie gibt, umso mehr sinken die Chancen auf einen Kredit. Allerdings dürfen selbst Vertragspartner ohne eine vom Kunden unterschriebene SCHUFA-Klausel keine Daten einsehen.

Positive und negative Einträge in der SCHUFA

Doch SCHUFA-Einträge können auch positiv ausfallen. Das ist der Fall, wenn Verpflichtungen bei laufenden Krediten, Mobilfunkverträgen, Bankkonten und Kreditkarten vertragsgemäß eingehalten werden. Zu einem negativen Eintrag kann es kommen, wenn genau das nicht geschieht. Aber vergessen ist menschlich. Wenn Sie einmal Ihre Rechnung zu spät gezahlt haben, führt so etwas nicht direkt zu einem negativen Vermerk. Erst bei der zweiten Zahlungsaufforderung ist ein

Negativeintrag möglich. Das Gleiche passiert bei einem Mahnverfahren oder wenn die Bank Konten und Kreditkarten gekündigt hat. Neben den Vermerken speichert die SCHUFA Daten über Kreditverträge, Bürgschaften, Ratenzahlungen, Leasingverträge, Bankkonten und Mobilfunkverträge. Außerdem finden sich in der SCHUFA Vermerke über abgegebene Vermögensauskünfte und die daraus folgenden Haftbefehle sowie Angaben über die Abgabe und die Abweisung eines Insolvenzverfahrens. Die gesammelten Daten benötigt die Schutzgemeinschaft für die Berechnung des Score-Wertes.

Der Score-Wert entscheidet über die Kreditwürdigkeit

Die SCHUFA bietet branchenspezifische Score-Tabellen an, die den Vertragspartnern Auskunft über die Kreditwürdigkeit des Kunden geben. Außerdem gibt es für Verbraucher einen Basisscore, der an Unternehmen aber nicht weitergegeben wird. Der Basisscore wird in Prozent angegeben. Aber 100

Prozent kann niemand erreichen. Denn selbst aktuelle Handyverträge, laufende Kredite und Konten speichert die SCHUFA als positiven Vermerk.

Aber Sie können Ihre eigene Basisscore durchaus erhöhen und damit auch Ihre Kreditwürdigkeit verbessern. Kündigen Sie ungenutzte Konten und Kreditkarten, weil selbst diese von der SCHUFA gespeichert werden. Unbeständigkeit ist ebenfalls ein negatives Manko für Ihre Kreditwürdigkeit. Das gilt sowohl bei Konten, die ständig gewechselt werden, wie auch beim Wohnungswechsel. Manchmal können veraltete oder erledigte Einträge Ihre Bonität negativ beeinflussen. Denn manchmal sind trotz Löschfristen immer noch Einträge vorhanden, die nichts mehr in Ihrer SCHUFA zu suchen haben. Deshalb überprüfen Sie noch einmal Ihre Daten bei der SCHUFA.

Nach § 34 des BDSG können Sie einmal jährlich kostenlos eine Eigenauskunft bei der Schutzgemeinschaft für Kreditsicherung beantragen. Sie können aber auch Einträge verhindern. Wenn Sie beispielsweise einen Kredit beantragen, verlangen Banken in der Regel eine

Bonitätsauskunft. Kreditinstitute haben drei Optionen, um diese zu überprüfen. Eine reguläre Bonitätsanfrage bleibt insgesamt drei Jahre gespeichert. Dann gibt es noch die Bonitätsanfrage mit Score-Wert, die ein Jahr als Eintrag bestehen bleibt. Die dritte Anfrageoption ist die Konditionsanfrage, die nicht gespeichert wird. Für Sie ist die Konditionsanfrage optimal, weil sie zu keinem Vermerk in Ihrer Bonität führt.

SCHUFA-Einträge ändern und löschen lassen

Nach § 35 BDSG haben Sie ein Recht auf Löschung und Änderung von Einträgen in der SCHUFA. Dazu müssen Sie sich schriftlich an die SCHUFA wenden und Ihr Anliegen vortragen. Legen Sie entsprechende Nachweise, wie Quittungen oder Kontoauszüge, hinzu, um den Sachverhalt schnellstmöglich klären können. Schließlich hat jeder Negativvermerk Einfluss auf Ihre Bonität. Um zu wissen, wann ein Vermerk aus der SCHUFA entfernt werden kann, hat der Gesetzgeber Löschfristen festgesetzt.

Löschfristen von Forderungen

Viele Angelegenheiten werden nach drei Jahren aus der SCHUFA gelöscht. Dazu gehören abgezahlte Kredite, bezahlte Forderungen von Inkasso-Unternehmen und gerichtliche Einträge, zum Beispiel in das Schuldnerverzeichnis. Bei Bankkonten erfolgt die Entfernung des Vermerks sofort nach der Löschung des Kontos. SCHUFA-Anfragen von anderen Unternehmen bleiben in Ihrer Bonität 12 Monate lang. Besonders lange gespeichert bleiben die Daten über eine Privatinsolvenz. Zunächst hält das Unternehmen drei Jahre lang die Eröffnung des Verfahrens in einem Eintrag fest. Danach werden bis zu drei Jahre die einzelnen Schritte der Insolvenz vermerkt und weitere drei Jahre, wenn die Restschuldbefreiung in Kraft tritt. Das bedeutet, erst nach etwa neun Jahren wird die Insolvenz von der SCHUFA gelöscht.

Vorzeitige Löschung von SCHUFA-Einträgen

In manchen Fällen können Sie die Löschung von

Einträgen beschleunigen. Das ist möglich, wenn Sie innerhalb von sechs Wochen, nachdem es zum negativen SCHUFA-Eintrag gekommen ist, die Forderung begleichen. Dann wird der Eintrag auch schon vor der Löschungsfrist entfernt. Das gilt aber nur bei Beträgen von bis zu 2.000 Euro und nicht bei Mahnbescheiden.

Punkt 5
Die Schuldnerberatung

Selbst aus dem Schuldenchaos herauszukommen, ist nicht immer einfach. Eine professionelle Unterstützung in Form einer Schuldnerberatung kann dabei der rettende Anker sein. Es gibt in Deutschland mehr als 1.000 Beratungsstellen. Darunter auch kostenlose Angebote. Doch bei einer kostenlosen Schuldnerberatung müssen Sie sich auf eine Wartezeit von bis zu mehreren Monaten einstellen. Müssen Sie allerdings etwas sofort klären, dann gibt es in vielen Kommunen offene Beratungsangebote. Zum Beispiel bietet die Caritas im Landkreis Bitburg-Prüm einmal wöchentlich vormittags eine offene Beratungsstunde an, die Jedem offensteht.

In vier Schritten schuldenfrei

Die Schuldnerberatung versucht in vier Schritten, Sie von Ihren Schulden zu befreien. Zunächst wird versucht, eine außergerichtliche Einigung zu erzielen. Ein Vergleich funktioniert aber nur, wenn

Gläubiger sich darauf einlassen und wenn es dem Schuldner überhaupt möglich ist, Gläubigern mit einem Vergleich zu bedienen. Scheitert die außergerichtliche Einigung, kommt es meist zu einem Insolvenzverfahren. Denn oft ist es Schuldnern nicht mehr möglich, die Schulden mit ihrem Einkommen allein zu bewältigen. Während der ganzen Zeit des Insolvenzverfahrens steht Ihnen die Schuldnerberatung zur Seite. Neben der Erstellung eines Schuldenbereinigungsplans, kümmern sich die Berater auch um die Schuldner selbst. Sie suchen die Ursachen, stellen genaue Ein- und Ausgaben auf und versuchen zusammen mit Ihnen einen Weg zu finden, wie Sie mit Ihrem Geld auskommen ohne erneut Schulden zu machen.

Punkt 6
Das Pfändungsschutzkonto

Schützen Sie sich mit einem P-Konto

Nachdem Sie Ihre Unterlagen sortiert und vielleicht auch schon einen Termin mit der Schuldnerberatung vereinbart haben, ist es nun wichtig, dass Sie trotz Schulden nicht am Existenzminimum leben. Denn oft sind Schulden auch mit Pfändungen verbunden. Doch wenn das Konto erst einmal gesperrt ist, können weder Rechnungen beglichen, noch Bargeld abgehoben werden. Und genau das kann im schlimmsten Fall Ihre Existenz bedrohen.

Das hat vor wenigen Jahren auch der Gesetzgeber erkannt und das Pfändungsschutzkonto 2010 ins Leben gerufen. Das P-Konto schützt unbürokratisch den pfändungsfreien Betrag auf dem Konto. Vor 2010 bedeutete eine Pfändung in der Regel die komplette Sperrung des Bankkontos. Erst wenn beim Vollstreckungsgericht ein Antrag auf Aufhebung der Pfändung gestellt wurde, konnte man die Sperre aufheben. Das ist mit dem Pfändungsschutzkonto nun anders.

Vom Girokonto zum P-Konto

Wenn Sie bereits ein Girokonto besitzen, können Sie von Ihrer Bank verlangen, dies in ein P-Konto umzuwandeln. Jedes Bankinstitut in Deutschland muss der Umwandlung in ein Pfändungsschutzkonto zustimmen und innerhalb von vier Werktagen abwickeln. Das Umwandeln von einem normalen zu einem Bankkonto mit Pfändungsschutz ist kostenlos. Lediglich die Kontoführungsgebühren kommen weiterhin auf Sie zu. Der Gesetzgeber schreibt vor, dass nur ein P-Konto pro Person geführt werden darf. Außerdem kann ein Gemeinschaftskonto nicht in ein Pfändungsschutzkonto umgewandelt werden. Allerdings darf keine Bank bisher genutzte Leistungen einschränken. So sind Online-Banking und EC-Kartennutzung weiterhin möglich. Das gilt allerdings nicht mit bei einem Dispokredit. Denn der Pfändungsschutz gilt nur für Guthaben.

Pfändungsfreigrenze erhöhen

Mit einem P-Konto haben Sie automatisch einen Freibetrag von aktuell 1.139,99 Euro (Stand Juli 2017). Der Basispfändungsschutz kann durch weitere Freibeträge erhöht werden. Für die erste im Haushalt lebende Person steht ein Freibetrag von 426,71 Euro zu. Für die zweite bis fünfte Person erhöht sich die Freigrenze um jeweils 237,73 Euro. Kinder- und Mutterschaftsgeld sowie Sozialleistungen für einen Mehraufwand bei gesundheitlichen Beeinträchtigungen sind ebenfalls pfändungsfrei. Damit sich die Pfändungsschutzgrenze erhöht, benötigen Banken einen Nachweis, den Sie unter anderem bei der Schuldnerberatung bekommen.

Das Konto für Jedermann

Doch gerade wegen einer schlechten Bonität ist eine Kontoeröffnung erst überhaupt nicht möglich. Mit dem 2016 gesetzlich eingeführten Basiskonto soll sich das ändern. Schulden dürfen nun kein Ablehnungsgrund mehr sein. Mit dem Basiskonto können Sie Kartenzahlungen, Überweisungen und Lastschriften vornehmen. Einen Dispokredit gibt es hingegen nicht. Das Basiskonto wird ausschließlich auf Guthabenbasis geführt. Für die Eröffnung des Kontos benötigen Sie einen Antrag, den Sie bei Ihrer Bank erhalten. Schon bei der Eröffnung haben Sie die Möglichkeit, das Basiskonto in ein Pfändungsschutzkonto umzuwandeln. Nach Abgabe des Antrags muss das Institut die Eröffnung innerhalb von 10 Tagen vornehmen. In der Vergangenheit standen häufig die zu hohen Gebühren des Basiskontos in Kritik. Denn eigentlich dürfen Banken für ein Basiskonto nicht mehr verlangen, als für ein Girokonto. Inzwischen sorgt ein neues Gesetz für eine Regulierung der Gebühren.

Punkt 7
Das Verbraucherinsolvenzverfahren

Was ist die Privatinsolvenz?

Jetzt wird es Zeit, Ihre Schulden abzubauen. Sicherlich haben Sie schon von der Verbraucherinsolvenz gehört. Sie bietet vor allem bei Zahlungsunfähigkeit durch Überschuldung eine Lösung für ein scheinbar unlösbares Problem. Das Verbraucherinsolvenzverfahren gibt es schon seit 1999. Es ermöglicht Schuldnern innerhalb von einigen Jahren schuldenfrei zu werden. Nach einer sogenannten „Wohlverhaltensphase" von bis zu sechs Jahren wird die Restschuldbefreiung beantragt. Danach kann ein schuldenfreies Leben beginnen. Allerdings bleiben die Einträge der Insolvenz noch weitere drei Jahre in der SCHUFA bestehen. Die Privatinsolvenz ermöglicht Ihnen recht zeitnah, wieder schuldenfrei zu sein. Doch das Verfahren verlangt von Ihnen Ausdauer und den Willen etwas ändern zu wollen.

Voraussetzungen für eine Privatinsolvenz

Das Verbraucherinsolvenzverfahren ist für Menschen gedacht, die zahlungsunfähig sind. Das Verfahren beantragen können sowohl Arbeitnehmer, wie auch Bezieher von Sozialleistungen und ehemalige Selbständige, die weniger als 20 Gläubiger bedienen. Selbständige hingegen können nur die Regel-, aber nicht die Privatinsolvenz beantragen.

Ablauf eines Verbraucherinsolvenzverfahrens

Im ersten Schritt des Verfahrens wird geprüft, ob eine außergerichtliche Einigung mit den Gläubigern möglich ist. Sollte es zu keiner Einigung kommen, wird im zweiten Schritt der Antrag zur Eröffnung der Privatinsolvenz gestellt. Das Gericht prüft nun noch einmal, ob eine außergerichtliche Vereinbarung mit den Gläubigern möglich ist. Ist dem nicht der Fall, wird das Insolvenzverfahren eröffnet und ein Insolvenzverwalter wird dem Schuldner zur Seite gestellt.

Nun beginnt für Sie die Wohlverhaltensphase in der Sie einen langen Atem besitzen sollten. Denn mit maximal sechs Jahren ist es der längste Abschnitt des Verfahrens. Doch für viele Schuldner ist diese Phase das befreiendste Kapitel auf dem Weg in ein schuldenfreies Leben. Das hat mehrere Gründe. Zum einen flattern nicht tagtäglich neue Forderungen ins Haus, weil sich nun der Insolvenzverwalter darum kümmert. Auch Ihnen wird er während der Wohlverhaltensphase nicht sehr oft begegnen. Zum anderen ist das Gefühl, dass alles seinen geregelten Gang geht, sehr entlastend. Aber Sie haben ebenso Pflichten, die Sie erfüllen müssen.

- Schuldner sind verpflichtet einen zumutbaren Job auszuüben oder sich zumindest darum zu bemühen. Ausgenommen sind Erziehende, Menschen über 65 und erwerbsunfähige Personen.

- Erben Schuldner während der Wohlverhaltensphase ein Vermögen, muss die Hälfte in das Privatinsolvenzverfahren gesteckt werden. Das gilt auch, wenn das

Einkommen den pfändungsfreien Freibetrag übersteigt. Ausgenommen sind Geldschenke von Familie und Freunde. Diese müssen nicht abgetreten werden.

- Jeder Arbeitsplatz- und Wohnortwechsel muss dem Insolvenzverwalter mitgeteilt werden.

- Zahlungen dürfen nicht direkt an Gläubiger gehen, sondern müssen über den Insolvenzverwalter laufen.

- Schuldner sind dazu verpflichtet, dem Insolvenzverwalter alle Einkünfte offenzulegen.

Nur wenn Sie allen Verpflichtungen nachgekommen sind, können Sie nach regulär sechs Jahren die Restschuldbefreiung beantragen. Unter bestimmten Voraussetzungen haben Sie sogar die Möglichkeit, die Wohlverhaltensphase zu verkürzen. Wer während dieser Periode die Kosten des Verfahrens beglichen hat, kann schon nach fünf Jahren die Befreiung der Restschulden beantragen. Sollten Sie während der Wohlverhaltensphase mindestens 35 Prozent der Schulden und die

Verfahrenskosten getilgt haben, können Sie schon nach drei Jahren die Restschuldbefreiung zugesprochen bekommen.

Die Privatinsolvenz in der SCHUFA

Auch in Ihrer SCHUFA wird das Insolvenzverfahren eingetragen. Zunächst wird die Eröffnung des Verfahrens für drei Jahre gespeichert. Anschließend folgt die Löschung des Eintrags. Dennoch werden die einzelnen Verfahrensschritte in Ihrer SCHUFA für maximal sechs Jahre eingetragen. Haben Sie die Wohlverhaltensphase erfolgreich abgeschlossen, kommen die Restschuldbefreiung und ein weiterer Vermerk für drei Jahre. Erst nach neun Jahren erfolgt die Löschung der Negativvermerke.

Sollten Sie während der Wohlverhaltensperiode erneut Schulden machen, fließen diese nicht in das Insolvenzverfahren hinein. Das Gleiche gilt bei Bußgeldern oder Geldstrafen. Das bedeutet, diese offenen Posten beeinträchtigen, unabhängig von der Löschung über den Eintrag des Insolvenzverfahrens, negativ Ihre Kreditwürdigkeit.

Kümmern Sie sich deshalb am besten noch während der laufenden Privatinsolvenz um Ihre noch offenstehenden Schulden, damit Sie auch wirklich schuldenfrei werden.

Punkt 8
Gerichtsvollzieher und Pfändungen

Der Gerichtsvollzieher steht vor der Tür - was nun?

Ist ein Mahnverfahren erfolglos verlaufen, so können Gläubiger einen Vollstreckungstitel bewirken. In der Regel klingelt dann irgendwann der Gerichtsvollzieher an Ihrer Tür. Viele Schuldner bekommen in solchen Momenten ein beklemmendes Gefühl und öffnen die Haustür lieber nicht. Das ist der falsche Weg. In der Regel kündigt der Gerichtsvollzieher sein Kommen schriftlich an. Sollten Sie die Haustür nicht öffnen, kann er sich mit einer richterlichen Anordnung Zutritt in Ihre Wohnung verschaffen. Die Kosten dafür zahlen Sie.

Das muss aber nicht soweit kommen. Wenn Sie am Tag des Termins verhindert sein sollten, teilen Sie es dem Gerichtsvollzieher mit. Ansonsten öffnen Sie die Tür, seien Sie freundlich und reden Sie mit dem Gerichtsvollzieher. Er ist auch nur ein Mensch, der seinen Job macht. Oft ist eine Pfändung überhaupt nicht nötig, weil eine Ratenzahlung vereinbart werden kann. Gibt es nichts zu pfänden und ist auch keine Ratenzahlung möglich, so wird eine Vermögensauskunft verlangt.

Nicht alles ist pfändbar

Selbst wenn eine Pfändung vorliegt, darf ein Gerichtsvollzieher nicht die komplette Wohnung leerräumen. Alle Gegenstände, die für eine einfache Haushaltsführung dienen, dürfen nicht gepfändet werden. Dazu zählen beispielsweise Kleidungsstücke, Kühlschrank und Fernseher. Steht allerdings in der Wohnung ein teurer Plasmafernseher, kann eine Austauschpfändung durchgeführt werden. Das heißt, der teure TV wird gegen ein günstigeres Modell ausgetauscht. Computer und Auto sind nur dann pfändbar, wenn diese Gegenstände nicht für die Ausübung des Berufs benötigt werden. Ebenfalls nicht pfändbar sind Eheringe. Bei einer Zwangsvollstreckung wegen Schulden geht es aber nicht nur darum, ob die Gegenstände in der Wohnung pfändbar sind, sondern auch, ob sie wertvoll sind. Ist dieser gering, wird der Gegenstand bei einer Versteigerung nicht viel einbringen, um die Schulden tilgen zu können. Deshalb werden auch pfändbare Sachen wegen ihres geringen Wertes nicht eingezogen.

Ist die Pfändung fruchtlos, so haben Sie eventuell noch die Möglichkeit, mit dem Gerichtsvollzieher eine Ratenzahlung zu vereinbaren. Entscheiden Sie so etwas aber nicht aus dem Bauch heraus, sondern überlegen Sie genau, ob eine Ratenvereinbarung wirklich in Ihr Budget passt. Denn in der Regel muss die Begleichung der Schulden zeitnah erfolgen, sodass nur hohe Raten möglich sind.

Lohnpfändung

Bei einem Vollstreckungstitel können nicht nur Gegenstände eingezogen werden, sondern auch der Arbeitslohn. In dem Fall richten sich Gläubiger direkt an den Arbeitgeber, der zur Mitwirkung verpflichtet ist. Gibt es mehrere Gläubiger, so muss der Arbeitgeber diese nach der Reihenfolge der Zustellung bedienen. Aber es kann Ihnen nicht der komplette Lohn entzogen werden. Dafür sorgt die Pfändungsschutzgrenze, die etwa alle zwei Jahre angepasst wird. Sie können die Freigrenze erhöhen, wenn Sie unterhaltspflichtige Personen in Ihrem Haushalt haben. Außerdem ist eine Erhöhung möglich, wenn ein erheblicher Aufwand wegen Beruf oder Krankheit besteht und wenn Sie eine besonders hohe Miete bezahlen müssen. Aber nicht nur der Lohn kann gepfändet werden. Auch Rentenbezüge, Arbeitslosengeld I und II sowie Krankengeld sind pfändbare Einkommen. Hingegen dürfen Aufwandsentschädigungen und Gefahrenzulagen nicht eingezogen werden. Beim Weihnachtsgeld wird dem Gläubiger nur ein Teil zugesprochen.

Vermögensauskunft muss wahrheitsgemäß sein

Falls Sie dem Gerichtsvollzieher keine Ratenzahlung anbieten können und Sie auch keine pfändbaren Gegenstände in der Wohnung besitzen, wird in der Regel eine Vermögensauskunft verlangt. Sollten Sie keine andere Möglichkeit haben, die Schulden abzuzahlen, haben Sie keine andere Wahl, als die Vermögensauskunft auszufüllen. Andernfalls kann der Gerichtsvollzieher einen Haftbefehl bewirken, der aber nur solange gilt, bis Sie die Auskunft unterschrieben haben. Antworten Sie wahrheitsgemäß. Denn falsche Angaben können zu einer Freiheitsstrafe führen. Die Vermögensauskunft wird im öffentlich zugänglichen Schuldnerverzeichnis eingetragen. Innerhalb der nächsten zwei Jahre kommt, sofern sich Ihre finanzielle Situation nicht gebessert hat, kein Vollstreckungstitel auf Sie zu. Doch die Vermögensauskunft wird auch in der SCHUFA als Negativvermerk festgehalten.

Punkt 9
Umgang mit Inkasso-Unternehmen

Seriöse und unseriöse Inkasso-Unternehmen

Viele Schuldner bekommen ein mulmiges Gefühl, wenn ein Brief von einem Inkasso-Unternehmen ins Haus flattert. Oft wird mit Lohnpfändung oder sogar mit Haftbefehl gedroht, wenn die Schulden nicht bezahlt werden. Manche Inkassos gehen noch einen Schritt weiter und versuchen Sie mit ständigen Telefonanrufen zum Zahlen zu bewegen. Andere Unternehmen stehen direkt vor Ihrer Haustür, um die Schulden einzutreiben. Denn leider gibt es in Deutschland einige schwarze Schafe unter den Inkasso-Unternehmen. Aber lassen Sie sich nicht einschüchtern. Seriöse Unternehmen sind registriert und wenn es durch solche unprofessionellen Handlungen auffällt, verliert es seine Lizenz.

Wie Sie mit unseriösen Inkasso-Büros umgehen

- Wenn an Ihrer Haustür ein Mitarbeiter eines Inkassos klingelt, lassen Sie ihn auf keinen Fall in die Wohnung.

- Prüfen Sie auf dem Briefkopf, ob der Unternehmenssitz in Deutschland ist. Besonders aus Bulgarien und der Slowakei kamen in den vergangenen Jahren immer mehr unseriöse Inkassos.

- Unterschreiben Sie keine Vordrucke. Auch Ihre Telefonnummer müssen Sie nicht angeben.

- Geben Sie keine Auskunft am Telefon.

Unbegründete Forderungen nicht links liegen lassen

Außerdem müssen Sie kein Haftbefehl oder Ähnliches befürchten. Vor allem dann nicht, wenn die Forderung unbegründet ist. Denn das Problem ist, dass ein Inkasso die Schulden entweder kauft oder dass ein Gläubiger die Forderung an das Unternehmen abtritt. Aber oft wird nicht geprüft, ob die geforderte Summe wirklich rechtens ist. In den vergangenen Jahren gibt es immer mehr dubiose Firmen, die behaupten, dass der Schuldner ihnen Geld schuldet. Ist die Forderung aber unbegründet, können Sie innerhalb von zwei Wochen einen Widerspruch einlegen. Das machen Sie am besten per Einschreiben, um nachzuweisen, dass Sie widersprochen haben. In den meisten Fällen reagieren unseriöse Firmen nicht darauf und werden weiterhin Mahnungen an Sie schicken. Doch die Verbraucherzentrale Bayern rät, darauf nicht zu reagieren, sofern der Widerspruch eingelegt ist.

Sollte die Forderung aber rechtens sein, sollten Sie sich darum kümmern. Aber unterschreiben Sie keine vorgedruckte Ratenvereinbarung. Nicht selten ist daran ein Schuldanerkenntnis geknüpft, das den Unternehmen die notwendige Rechtsgrundlage bietet. Außerdem ist es wenig sinnvoll kleine Raten anzubieten, da meistens der Betrag aufgrund der hohen Gebühren sich nicht verringert.

Gerade die hohen Gebühren der Inkassos stehen sehr häufig in Kritik. Grundlage für die Gebühren ist das Rechtsanwaltsvergütungsgesetz. Doch oft sind die Forderungen für ein Standardschreiben doppelt so hoch, wie sie im Vergütungsgesetz vorgeschrieben. Außerdem verlangen manche Firmen Gebühren für Recherche und Kontoführungsgebühren. Diese sind aber völlig unbegründet.

Punkt 10
Schuldenregulierung ohne Privatinsolvenz

Vor der Schuldenregulierung auf die Verjährungsfristen achten

Es gibt einige Möglichkeiten, um Ihre Schulden zu regulieren, ohne ein Insolvenzverfahren einzuleiten. Selbst Schuldnerberatungsstellen versuchen zunächst eine außergerichtliche Einigung zu erzielen. Das ist besonders bei überschaubaren Forderungen umsetzbar. Aber prüfen Sie davor die Verjährungsfristen. Denn bereits eine kleine Ratenzahlung kann diese unterbrechen. Es gibt sehr viele unterschiedliche Fristen, die von drei bis dreißig Jahren reichen.

Die meisten Forderungen verjähren nach drei Jahren. Wenn sich Gläubiger einen Titel geholt haben, verlängert sich die Frist auf 30 Jahre. Mit einem Mahnbescheid können Gläubiger die Verjährungsfrist um ein halbes Jahr verlängern. Die

Verjährungsfrist beginnt und endet immer zum 31. Dezember. Sollten Sie Schulden haben, die nun verjährt sind, müssen Sie diese schriftlich beim Gläubiger geltend machen.

Schulden mit einer Ratenvereinbarung abbauen

Bevor Sie eine Ratenzahlung mit einem Gläubiger vereinbaren, sollten Sie genau prüfen, ob Ihr Budget das überhaupt zulässt. Rechnen Sie zunächst aus, wie viel Geld Sie monatlich für eine Ratenzahlung aufbringen können. Lässt die Haushaltskasse nur Kleinbeträge zu, so ist es manchmal sinnvoll, auf eine Ratenvereinbarung zu verzichten. Denn Verzugszinsen und Gebühren sind oftmals höher als die monatlichen Kleinbeträge zur Schuldenregulierung. Schlussendlich wird die Forderung nicht abgezahlt, sondern erhöht sich immer weiter. Das Gleiche gilt auch bei Verbraucherkrediten. Sind Sie mit der Zahlung im Verzug, werden zunächst die anfallenden Kosten gedeckt, danach die Hauptforderung und zum Schluss kommen die Zinsen an die Reihe.

Forderungen erst einmal stunden

Wenn Sie einem Gläubiger keine Tilgung der Schulden anbieten können, weil es Ihre finanzielle Situation nicht zulässt, können Sie um eine Stundung bitten. Bedenken Sie aber, dass auch bei einer Stundung Gebühren und Verzugszinsen weiterlaufen. Dennoch können Sie im Schreiben darum bitten, die Verzugszinsen ebenfalls zu stunden. Meistens wird die Forderung für ein halbes oder ein Jahr gestundet. Mit einer Stundung bauen Sie zwar erst einmal keine Schulden ab, aber Sie können eventuelle Mahnbescheide und Pfändungen verhindern. Außerdem ist es gut, mit dem Gläubiger in Kontakt zu treten, um nach der Stundung bessere Chancen bei der Tilgung der Forderung zu haben.

Gläubigervergleich

Der sogenannte Gläubigervergleich bietet Ihnen die Möglichkeit, zeitnah die Forderung loszuwerden. In einem Vergleich kommen sich beide Parteien entgegen. Sie bieten dem Gläubiger an, einmalig eine bestimmte Summe für die Tilgung der Summe zu zahlen. Der Gläubiger hingegen erlässt daraufhin den Restschuldbetrag. Bei einem Vergleich haben Sie außerdem die Möglichkeit einen Teil einmalig und den Restbetrag in Raten zu zahlen. Viele Gläubiger lassen sich auf einen Vergleich ein, um wenigstens einen Teil der Forderung zu bekommen. Dieses Verfahren setzt voraus, dass Sie Rücklagen haben. Sollten Sie kein Geld für einen Vergleich haben, machen Sie dafür keine neuen Schulden.

Mein Geheimtipp Schuldenabbau rasant steigern

Ich möchte Ihnen jetzt ein weiteres Buch verkaufen, da ich davon überzeugt bin, dass es Ihnen aus Ihrer brenzligen Situation weiterhilft.

Es handelt sich um einen Schuldenratgeber, den Sie sich hier anschauen können:

Zum Schuldenratgeber:

https://goo.gl/31qVEJ

Haftungsausschluss

Der Inhalt dieses Buchs wurde mit großer Sorgfalt geprüft und erstellt. Der Autor übernimmt keinerlei Gewähr für die Aktualität, Korrektheit, Vollständigkeit oder Qualität der bereitgestellten Informationen und weiteren Informationen.

Es wird keine juristische Verantwortung oder Haftung für Schäden übernommen, die durch kontraproduktive Ausübung oder durch Fehler des Lesers entstehen. Es kann auch keine Garantie für Erfolg übernommen werden. Der Inhalt sollte nicht mit medizinischer Hilfe verwechselt werden. Der Autor übernimmt daher keine Verantwortung für das Nicht-Erreichen der im Buch beschriebenen Ziele.

Dieses Buch enthält Links zu anderen Webseiten. Auf den Inhalt dieser Webseiten haben wir keinen Einfluss. Deshalb kann auf den dortigen Inhalt auch keinerlei Gewähr übernommen werden. Die verlinkten Seiten wurden zum Zeitpunkt der Verlinkung auf mögliche Rechtsverstöße überprüft.

Rechtswidrige Inhalte konnten zum Zeitpunkt der Verlinkung nicht festgestellt werden. Für die Inhalte der verlinkten Seiten ist ausschließlich der jeweilige Anbieter oder Betreiber der Seiten verantwortlich.

Das **Copyright** für veröffentlichte, vom Autor selbst erstellte Bilder, Grafiken, Tondokumente, Videosequenzen und Texte bleibt **allein beim Autor** des Buchs.

Eine Vervielfältigung oder Verwendung der Bilder, Grafiken, Tondokumente, Videosequenzen und Texte in anderen elektronischen oder gedruckten Publikationen ist ohne ausdrückliche Zustimmung des Autors nicht gestattet.

Der Autor behält es sich ausdrücklich vor, Teile der Seiten oder das gesamte Angebot ohne gesonderte Ankündigung zu verändern, zu ergänzen, zu löschen oder die Veröffentlichung zeitweise oder endgültig einzustellen.

Impressum

Veröffentlicht durch
Marco Reuter
Vinnhorster Weg 81
30419 Hannover

E-Mail: marco.reuter92@gmail.com

ISBN-13: 978-1725601338
ISBN-10: 1725601338

www.ingramcontent.com/pod-product-compliance
Lightning Source LLC
Chambersburg PA
CBHW030505220526
45464CB00006B/2663